信じた道の先に、花は咲く。

86歳女性科学者の日々幸せを実感する生き方

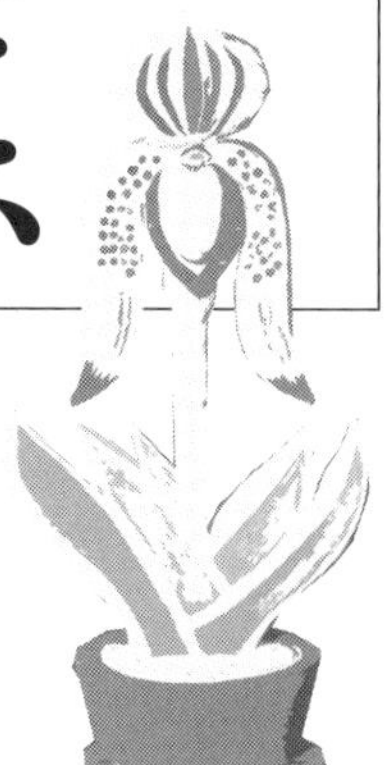

太田朋子
国立遺伝学研究所名誉教授

マガジンハウス

まえがき

子どものころ、人付き合いもほとんどないような田舎で育った私は、引っ込み思案で、今でも人前で話すことが大の苦手です。

そんな私が5年前、82歳の時、世界的に権威のある科学賞、クラフォード賞を授与され、スウェーデン国王夫妻の前で、英語でスピーチをする機会を得ることができました。

その時、思ったのは、私はこのようなハレの場に立つのが目標であったことは一度もなく、ただ黙々と今日まで、自分が信じる研究者としての道をコツコツと歩んで来た、その道の果てに今の私がいる、ということでした。

ただ、その道は平坦ではなく、世界中から批判を浴びたこともありました。

また、科学者になる前は受験に失敗したり、一度は一般企業に就職もしましたが、仕事についていけず、やむなく退社したりと、挫折や回り道を繰り返してきました。

それでも、くじけずに、今日まで研究を続けて来られたのは幸運であったことに加え、その道が自ら信じて切り拓いてきたものだったことにつきると思っています。

「どうやったら、自分に価値を見出す仕事に就くことができますか？」

そんな質問を、若い人から受けたことがあります。

「自分の信じた生き方を貫いてください。そうすれば、自然と道は開けていきます」

その言葉は今も、私自身を奮い立たせる言葉でもあります。

今、私たちは未曽有の不安の渦のなかにいます。そして混沌としたなか、ひとすじの希望の光を求めています。

人間は、ひ弱な存在です。

しかし、私たちは悠久の時を越えて、たくましく生き抜いて来た比類無い、誇り高い種の一つです。

朝に咲く花は、闇の中ですでに咲く準備を進めている、といいます。たとえ、どんな厳しい夜でも、人間は幸せを作り上げる力があります。幸せは、すでに等しく誰のなかにも現存しています。

その幸せを具体的に自分のなかに見出し、愛し、育てることが、生きる喜びにつながります。

私たちは、雨風嵐に耐えて咲く、強靭な一輪の花の心をもって生きていきましょう。今も、これから先も、ずっと……。

本書は、科学者として道を歩んで来た私が、これまでの人生で得た幸福の在り方、希望の持ち方についての考えを著したものです。この本が、あなたの心を照らす1冊になってくれたら、とても嬉しいです。

信じた道の先に、花は咲く。◎目次

第1章　老いを受け止めて生きる

第2章　孤独に負けない心

第3章　信じた道を、ただひたすらに

第4章　幸せは、いつも日常の中に

第5章 ひとりで老後を生きるということ

第1章
老いを受け止めて生きる

かけがえのない人の死に遭遇したら

長年連れ添った伴侶や友人、恋人、家族など、かけがえのない人の死に遭遇した時、人は心を引き裂かれるような痛みと深い喪失感を覚えます。

この先、もう二度と大切な人と同じ時間を共有することができないのだ、という事実にうちひしがれ、生きる気力を失いがちになる。そんな時、人はどうやって、悲嘆の感情と向き合い、その後の人生を生きていったらいいのでしょう。

私は、大切な人が亡くなった直後は、意識して亡くなった人のことを思い出さないようにと、アドバイスをしています。

大切な人を亡くした直後は、哀しみ、苦しみのどん底にあり、そんな時、亡くなった人のことを思うのは、心の傷に塩をすり込むようなもので、自分の心が壊れてしまいます。

亡くなった直後は、あえてその人のことを遠ざけて、極力考えないようにして、まず自分の心を防御することを最優先してください。

私にとってこれまでもっともつらい死は、私が高校3年生の時、9歳上の長姉が病死したことです。

医師となった姉ですが、医師に成り立てのころは、まだ若く、貧しく、生活費を捻出するために病院と児童養護施設を掛け持ちして働いていました。

寝る時間を惜しんで働いて、そして命を落としたのです。今なら過労死です。

親しい者の死は、心をえぐられるようにつらく苦しい。でも、どんなにつらくても、前を向いて生きてさえいれば、必ず時の経過とともに癒やされる日がやってきます。

人間にはそういう哀しみや苦しみに耐えられるような性質が備わっているので

す。

そして、少し時間が経つのを待ってから、いくらか気持ちが落ち着いたら、徐々に亡くなった人のことを思い出したらいかがでしょう。

「ああ、こんな時、あの人だったら何ていうかしら……」とか、自然と亡くなった人の思い出を偲《しの》ぶことができるようになります。

私は亡くなった人のことを思い出すたびに、心のなかにその人の記憶や思い出が増えていく、と思うようにしています。すると、自然に亡くなった人とともに今を生きているという気持ちになり、それが生きる力に変わっていくように思います。

少し時間が経つのを待ってから
亡くなった人のことを思い出す。
心のなかに
その人の記憶や
思い出が増えていくように。

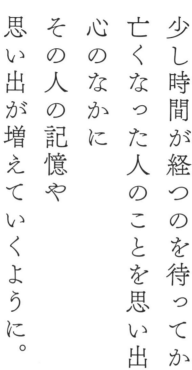

老いを受け止めて、悠然と生きる

人間は必ず老いる。では、なぜ老いるのでしょう。

簡単に申し上げると、遺伝子には本来生きていくための安定した機能や働きが組み込まれています。それが、老化とともにその機能に不備が生じ、命のシステムが全体的にガタガタになっていきます。それが老化といわれるものです。

老境とは、人間が最後にたどり着く世界です。

足腰に限らず、全体的に体の動きが緩慢になり、さまざまな痛みが生じます。精神的にも、記憶力が鈍くなり、喜怒哀楽の変化が少なくなり……、というようにさまざまな変調が認められます。

その先に、認知症も手ぐすねを引いて待ち構えています。

老化とは、生物学的にいえば、種を存続させるために行われる世代交代のシステムであり、メカニズムなのです。

それでは、老境に差し掛かったら、私たちは残された人生の時間をいかにして生きていったら良いのでしょう。

そんな時、誰しも思うのは、「老後を最後まで、自分らしく悔いなく生き切りたい」ということではないでしょうか。

老化は止められない。しからば、悠然と受け止めて生きていきましょう。

そのためには、自分が好きで心が温かくなる仕事や趣味に没入したり、心がやわらぐ景色のなかに身を置いたりするのも良いでしょう。自宅で植物を育てたり、ペットと過ごすのも楽しいのでは。

また、友人と会ったり、書を習ったり、美術館や音楽会、演芸や芸術を鑑賞するのも人生の喜びにつながるのではないでしょうか。

要は、自分が好きなもの、やりたいものに精神を集中させて、時間をかけて実行することが大切です。

そうすることで、免疫力は高まり、老後特有の寂寥《せきりょう》感、孤独感、恐怖心といったものが徐々に緩和され、そこから生きる喜びが湧いてきます。

最後まで自分らしく、
老後を悔いなく生き切るためには、
自分が好きなものや
やりたいものを
時間をかけてゆっくりとやること。

携帯、スマホを持たない暮らし

先日、私と同じ年齢（86歳）のひとり暮らしの女性が携帯を持ったまま、台所の床に倒れていたのが発見され、救急車がドアをこじ開けて入った時は、すでに心臓麻痺で亡くなり、死後数日が経過していたそうです。

そんな話を知人から聞いた時、私はその女性の訃報に心のなかで手を合わせると同時に、脳裏に浮かんだのは、「携帯電話を握りしめて倒れている女性の手」でした。その女性はおそらく、日常的につねに携帯を手放さない生活をされていたと思われます。まさに携帯が、その女性の命綱だったことが窺《うかが》われます。

私もしばしば、携帯番号を訊《き》かれることがあります。

「私は、携帯は持ちません。出始めたころから今まで、一度も使ったことがありません」

というと、驚かれ、「どうして？」と怪訝《けげん》そうに質問されます。

「どうしてって、その辺でピーピー鳴り出すとうるさいから、携帯は。だから、一度も持ったことはありません」

というと、サイレント機能やマナー機能がついているのでそれを使ったら良いのに、となおもしつこくいわれます。

サイレント機能やマナー機能があることぐらいは、もちろん知っています。

「外で電話をかけたい時はどうするの？」

「家に帰ってからかけます」

「緊急に電話をしなくてはいけない時は？」

「どうしても急ぎでかけなければいけない時は、公衆電話。でも、そういう事態はこれまで一度もないけど……」

相手は絶句した表情を浮かべています。こんな便利な携帯やスマートフォン（スマホ）を使わないなんて、と同情というか、憐れみに近い表情で見られることもしばしばです。

しばらくたって、「メールは？」と訊くので、「パソコンのメールがあるから」と答えると、相手はますます不思議そうな顔をします。パソコンでメールができるなら、スマホのメールのほうがどこでも打てるし、どこでも持って行けるし、便利なのにと。

今や携帯やスマホは生活や仕事に欠かせない必須アイテムで、ひとり1台時代、小学生でも持っているのは珍しくありません。徘徊《はいかい》の老人の位置確認のためにもスマホは利用されています。

携帯やスマホが便利で有用なことは、私ももちろん認識しています。携帯やスマホを否定しているわけではなく、携帯やスマホを持たないのは私の主義であり、矜持《きょうじ》であり、何より日常なのです。

携帯やスマホを持たない私は、時間にとらわれることなく、気が向けば街の喧《けん》噪《そう》に身を委ね、見知らぬ人々の声に耳をかたむけ、何者にも干渉されず、邪魔もされず、自分自身と対話をし、自分の内なる声に耳をかたむけます。

携帯やスマホを持たない主義とは、徹底的に精神的な自由の快楽を味わうことであり、「携帯やスマホを持たない人間は変わり者」とのレッテルを貼られることもおそれない覚悟を決めた者だけが味わえる、心の極上、贅沢《ぜいたく》であるといえるかもしれません。

人間は変わらないのに、携帯やスマホが出現してからというもの、人々は誰かとつながることに躍起となり、つながらないと不安やストレスを抱え込んでいるような気がします。

学生や勤め人ならいざ知らず、私のような研究を生涯の仕事と決めて、老後を過ごす人間には、携帯やスマホがない生活は不自由どころか、快適、快楽そのものです。

携帯やスマホを持たない人間は、
変わり者とのレッテルを
貼られることをおそれない
覚悟を決めた者だけが味わえる、
心の極上、贅沢な境地。

四季を愛でる喜び

長年、勤務した静岡県三島市の国立遺伝学研究所を定年退職した時、私は散歩を一日の日課に組み込みました。

腰が痛くなったりして、この頃はそれほど長い距離は歩けませんが、それでも日常生活に散歩を組み込むことで、ささやかな人生の喜びを見出すことができるようになりました。

私はたいてい午後4時ごろ、散歩に出ます。このごろは歩いても、2キロかそこらですが、ゆっくり歩くのが私流です。

自宅から下っていくと谷になっていて、小川が流れ、そこにしばしたたずんでいると自然と心が安らぎます。

散歩の途中、ブナなどの雑木林があり、春夏秋冬、景色が変化します。四季の変化を胸に歩く喜びは人生の至福、何ものにも代えがたいものがあります。

春の愉《たの》しみは、その雑木林に若芽が出ているのを見つけることです。落葉樹の芽や若葉も萌黄《もえぎ》色で、黄緑色とは微妙に違い、一部を見ても全体を見ても、美しさを感じます。

研究所は桜の隠れた名所です。研究所の前にはソメイヨシノの桜の並木道があり、研究所の奥に行くと一般の人は入れませんがいろいろな種類の八重桜がたくさん植えられています。

春の味覚といえば、三島近辺は海が近いので獲れたてのカツオやアジをお刺身にしていただきます。

夏はヒマワリの花に目を奪われます。私も何度か、ヒマワリの苗を植えましたが、なぜかうまく育てることができませんでした。

夏になると、スイカやメロンに舌鼓を打ちます。メロンは高級でなかなか買えませんが、それでも時折、美味を堪能します。

秋は、わが家の庭に、南天がふさふさと赤い球形の実をつけます。

そして、私の一番の愉しみ、キンモクセイが咲きます。木の下のほうの枝を採って来て、花器に挿して居間に置きます。とても良い香りが部屋中に漂います。

秋は、車だとここから遠くない箱根山麓で、美味しいだいこんやさつまいもが採れます。とくに、さつまいもは種類が多く、蒸してよく食べます。

冬は水仙ですね。庭に植え、花を愉しんでいます。寒い冬の夜は、金目鯛と白菜とねぎの鍋を作り、酢醤油で食べます。

日常の生活に散歩を組み込む。
春夏秋冬、
四季の変化を胸に歩く喜びは
人生の至福、
何ものにも代えがたい。

運転免許証を返納した日

昨今、ブレーキとアクセルを踏み違えるなどして大事故を起こすなど、高齢ドライバーによる交通事故が深刻な社会問題化しつつありますが、私が運転免許証を自主返納したのは、今から6年前で80歳の時です。

自主返納に踏み切った理由は、その数ヵ月前、運転中にちょっとした追突事故を起こしたことでした。

幸い、人身事故ではなく、無事に示談金で解決することができました。その時、私の脳裏に浮かんだのは、「運転免許証の自主返納」という言葉でした。

そうと決めたら即、実行です。

二度と交通事故を起こしてはならない、そのために自主返納するのだと自分に言い聞かせました。

確かに、それまではどこへ行くにも車で、車なしの生活は考えられず、正直、免許証を返納したらその後の生活が立ち行かないのでは、との不安もありました。しかし、そんな個人的な事情より、優先すべきはドライバーとして社会人としての責務です。二度と、追突事故のような交通事故を起こしてはいけない。

実際、私も80歳を過ぎてからは、動体視力、身体能力の衰えを実感することがありました。歳をとると肉体や精神の老化が加速度的に進行し、気づかないうちに運転技術も急速に劣化していると考えるほうが自然です。

運転免許証を返納した今は、車のない生活にも慣れ、特別、車に未練はありません。

80歳を過ぎてからは
運転能力、動体視力、
身体能力が衰えてくる。
車なしの生活への不安よりも、
ドライバーとしての責務を優先すべき。

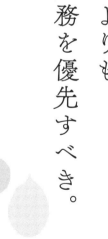

晩年にこそ、成すべきことがある

私はもともと、あまり社交的ではなく、晴れがましい場所が苦手なこともあり、いろいろなご招待を受けてもよほどのことがない限り、非礼とは思いつつも丁重にお断りするようにしています。

園遊会も、2002年に文化功労者として顕彰を受けて以来、二度ほど出席しましたが様子はわかりましたので、自分としてはこれでもう十分と思い、以降はご遠慮させていただいています。

いろいろな方々とお会いして、視野を広げたりするにはとても良い機会と思いますが、なにしろ私という人間はそういう晴れがましい場所に行くのが如何《いかん》ともしがたく、とくに80歳を過ぎてからは、研究のために国立遺伝学研究所に通う以外はほとんど遠出をしなくなりました。

私が今、もっとも重要視しているのは、普段の日常生活で、そのなかで遺伝学者として、日々、新たな発見と出会うことなのです。

そのためには、槍が降ろうが何が降ろうが、これからも研究所通いは続けたいと思っています。

晩年とは、天から与えられた貴重な人生の収穫期です。

私はこの実りある時期を、より深く自分と向き合い、自分が求める世界を悔いなきまでに追求し、より濃密に生き切りたい。

晩年にこそ、成すべきことがある。そう思い、日々を大切に生きています。

晩年とは人生の収穫期。
残された人生を、
より深く自分と向き合い、
自分が求める世界を
悔いなきまでに追求し、
より濃密に生き切りたい。

第2章
孤独に負けない心

定年後が幸福であれば、人生は素晴らしい

人生は後半生が幸福なら、その人は素晴らしい人生をまっとうしたということになるのではないでしょうか。

後半生は、定年後と言い換えてもいいと思います。

１９６７年、私は33歳の時、静岡県三島市の国立遺伝学研究所に博士研究員として入所し、１年後には准国家公務員扱いで正規の職員となり、65歳で定年退職しました。

その後も、私は遺伝研内の進化遺伝研究室の一角に、専用の仕事場を設けてもらい、週に３日間ほど通い、今も研究を続けています。

定年後、人は真の意味で人生の収穫期を迎えます。定年を迎えるまでに収穫した人生の実りは、後半生においてより輝き、確かなものとなっていくように思います。

なにしろ、定年後は時間が無限にあります。そのためには、趣味であれ仕事であれ人間関係であれ、守りに入らず、新たな挑戦を自分に課すこと。そうすることで、これまで気づかなかった自分の意外な一面と出会うことができます。

人間、何歳であれ、つねに新たな挑戦を続けている人は、それだけで魅力的です。

同時に、何らかの不安を抱えて、定年後を迎える人もいることでしょう。身体的な不安、精神的な不安、物理的な不安、そして将来への不安など、さまざまな不安が渦巻いているのが、この時期を迎えた人間に共通するものです。

そのためには、自分のなかの不安の正体を知り、なるべく早い時期にその不安の芽が伸びないように対処しなくてはなりません。

後半生、命が閉じる瞬間まで、どんな生き方をするのか。何をやりたいのか。それを見つけるのは、定年になってからでは遅いのかもしれません。できれば、定年前までにそれを見つけてください。

でも、もしあなたが定年後を生きているなら、もちろん今からでも遅くはありません。人間、新しいことを始めるのに遅すぎることは決してないのですから。要は、最後はやる気の問題です。

ありとあらゆるもののなかから、自由に好きなものを、熱中できるものを選んで、生涯をかけてその道を追求されるといいでしょう。

その過程でもしかすると、真の友人、恋人、新たな生涯の伴侶など、かけがえのない人との出会いがあなたを待っているかもしれません。

一生をかけて
追求するものを持っている人は幸せ。
どんな生き方をするのか、
何をやりたいのか、
それを見つけるのに
遅すぎることはない。

真の友が人生に幸せをもたらす

人間は弱くてもろい存在です。だから、孤独で苦しい時、ちょっとでも誰かに胸のうちを聞いてもらいたい。凍えた心を少しでも溶かしてほしいから。そのような思いは、日常的に誰しも抱くものではないでしょうか。

30代のころ、私は子育てをしながら国立遺伝学研究所に勤務していました。師匠の木村資生《もとお》先生は私の9歳上、集団遺伝学の権威で「中立進化説」を提唱し、後年、日本人で唯一ダーウィン・メダルを受賞することになる研究者でした。

私はその共同研究者ですが、理論の核心で一部、木村先生に同意できない部分がありました。すると、どうしても議論になります。それは若い私にとって、想像以上に心が重く苦しい日々でした。木村先生と議論を戦わせた日は、心身ともにぐったりして帰宅します。

料理を作り、食事をし、時間の余裕があると娘を寝かしつけた後、そっと電話機に手を伸ばします。当時、私にとって本心を愚痴れる相手は、４人姉妹の次女である２歳年上の姉だけでした。姉も私のように研究者でした。

電話がつながると、後はもう私のほうが一方的に姉に愚痴るのです。時間を忘れて、深夜遅くまで……。師匠の木村先生の「悪口」なんて、他の人には絶対にいえません。それが、相手が姉なら不思議と口にできるのです。あのころ、姉はまさに私の真の友でした。

当時、姉は姉で、同僚の教授のことなど、こんなこと他の人には絶対に話せないというようなことでも、私には自由に愚痴ります。私たちは、お互いに仕事の面に限らずいろいろな悩みを打ち明け合い、相談し合いました。

姉と私には、若いころは研究という共通のテーマがありました。それゆえ、相手の話をより深く理解し、受け止めることができました。

心の底から何でも自由に話せる友達がいるかいないかで、人生は大違いです。人は苦しい時、ちょっとでも話を聞いてもらうだけで、気が楽になり、生きる力が湧いてきます。そして、そういう友の存在が、人生に幸福を呼び込んでくれます。

もし今、あなたにそういう人がいなかったら、これからでも決して遅くはありません。本音で相談できる相手をひとりでも見つけてください。ご自身の趣味や仕事など共通の経験を持つなかに、あるいはこれから出会う人のなかに、心の友、真の友が見つかるに違いありません。

他の人には
絶対にいえないことを愚痴ったり
本音で相談できる相手が
ひとりでもいると、
人生に幸福を呼び込んでくれる。

めったに泣かない私が、涙を流す時

世の中には涙もろい人がいて、何かあるとすぐ涙を流す方がおられます。そんな情感豊かな方をうらやましいとは思いますが、実は、私はめったなことでは泣かない女です。

父の訃報を聞いた時、私は遺伝学研究所に就職してまもなくのころでした。父は亡くなる前は、脳梗塞で言葉が出てこなくなりました。しかし、私が東大の農学部に進むことに理解を示し、応援してくれたのは父でした。父には恩があります。ひどく哀しみを感じましたが、涙は出ませんでした。

その少し後、認知症の母が亡くなりました。その時も涙は出ませんでした。

母のために私は泣いたことはありませんが、私が名古屋大学2年生の時、医学部の編入試験に落ちたと私が伝えた時、母は泣いていました。

私が30歳を越え、子育てをしながら国立遺伝学研究所に通っていたころのことです。その時期、私はおそらく一生分の涙を流したと思います。泣いたのは、ひとりになった時で、誰にも見せない涙でしたが……。

当時、研究所の部長で、同じ集団遺伝学をテーマに研究されている上司の木村資生先生との連日の議論で、私の学説が厳しく、容赦なく批判され、夜、自宅に帰る道すがら、気がつくと私は涙を流していました。滂沱《ぼうだ》の涙を。

私は木村先生のことを、学術的にも人間的にも心から尊敬していました。尊敬する人から批判されると、涙が出ることを、その時、初めて知りました。

誰から何と批判されても、
悔しさはありますが、
泣くことはない。
しかし、心から尊敬する人から
批判されると涙が出る。

ストレスに負けない方法

ストレスとは、外部からの刺激によって心や体に生じるさまざまな反応です。

２０２０年、新型コロナウイルスの感染拡大がもたらすストレスは、私たちの社会や日常生活を根底から揺さぶり続けています。

人はストレスを感じると、食欲の減退や、逆に過食・暴飲暴食をするなど、食事のバランスが崩れます。

私も子どものころ、暴飲暴食をしたことがあります。もっとも、ストレスというより、単に、成長期で食欲が増しただけかもしれませんが、とにかく食欲が止まらないという状態でした。

戦前戦後の食糧事情が厳しかったころ、実家で茶色の名古屋コーチンの鶏を飼っていました。その鶏を一羽さばいて、一家で食べるのです。

母が作る鶏肉の炊き込みご飯は、私の大好物でした。鶏肉とごぼうとにんじんと油揚げが入った、香ばしい醤油味の、栄養バランスも優れた炊き込みご飯です。何らかのストレスを感じる時でも、これさえ食べれば心が満たされ、不思議と心が落ち着くのです。

過食を防ぐコツは、過食に向かいそうになったら、これを食べれば心が落ち着くという、栄養バランスの良い食べ物をあらかじめ見つけておくこと。そして、食事をする時はよく噛《か》むことです。

歯ごたえのある、硬い食べ物をよく噛むことで、だ液がたくさん分泌され、食べたものがだ液と混ざり合い、柔らかくなって消化を助け、胃腸の働きが活発になります。また、よく噛むことで満足感が得られ、過食を防ぎ、肥満の防止にもつながります。

さらに、ストレスを解消することで、細胞の動きを活発化させ、免疫力を高める効果も期待できます。

心がキリキリ痛むような時は、好きな音楽を聴いたり、ゆっくりと散歩をしたりして、ストレスの解消に努めてください。すると、再び健やかな自分を取り戻せるのではないでしょうか。

ストレスを感じる時こそ、
栄養バランスの良いものを
よく噛んで食べる。
ストレスを解消することで
免疫力も高まる。

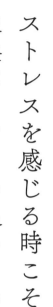

相手に思いを伝えるためには

現代社会はコミュニケーションなしで生きられません。メール、ラインなどのSNS、電話、手紙等、現代社会はコミュニケーションツールが溢《あふ》れています。自分の思いを相手に伝えるのに、どの方法がベストか、迷う人もいるのではないでしょうか。しかし、私の場合は、迷いはありません。自分流で決めているからです。

私は仕事に関する用件は、ほとんどメールですませます。以前は、欧米の研究者とは手紙でやりとりをしていました。厳しいやりとりや論争も手紙なら、航空便でも2週間のタイムラグがあるので、その間、論点や相手の考えや自分の考えを整理できるし、冷静になってゆっくりと思索する時間的余裕がありました。

今時は、学者間でも手紙のやりとりは皆無で、メールが主流です。

しかし、メールにはメリットとデメリットがあります。プライベートでメールをひんぱんに利用している人は、相手との誤解や齟齬《そご》、トラブルなどが生じるおそれがあり、一度出したメールは送信者は削除できないので慎重さと注意が必要です。

メールは、一瞬で相手に送られますが、相手がメールや電話などで反応しない限り、読んでもらったかどうかはわかりません。相手から反応がなかったり、あっても反応が遅かったりすると、相手の気持ちを忖度《そんたく》したり、よけいな気を揉《も》まなくてはならず、不安に思う時は電話での確認が必要です。

メールは、電話のように相手の時間を拘束しなくて良い反面、直接話すと理解できるような微妙なニュアンスや意図が伝わりにくく、誤解や齟齬が生じやすい傾向があります。

電話の場合は、相手の声から多少とも微妙なニュアンスや感情を読み取ることもできますが、その点、メールは無機質です。

メールは完璧なツールでないと知った上で、電話もあわせて活用するのがトラブルを生まない賢明なやり方です。

ちなみに、私は挨拶文や礼状はメールではなく、自筆で書くようにしています。その方が相手の心に深く伝わるように思うからです。

相手に物事を伝える際、
メールだけでは
誤解や齟齬が生じる
おそれがある。
電話や手紙で伝えることも大切。

言葉によって人を傷つけてしまったら

意識的であれ、無意識であれ、言葉によって相手を傷つけてしまった経験のない人はいないのではないでしょうか。

人の一生は、言葉によって誰かを傷つけ、自分自身も傷つけられながら成長していくようなものといっても過言ではありません。

とはいえ、自分の言葉が相手を傷つけてしまった時の後味の悪さ、心の痛みは、その後、自分自身を苦しめ続けることにもなりかねません。

もし、あなたが自分の言動が明らかに特定の誰かを傷つけてしまったと感じたら、すぐにそのことを相手に詫びるのが一番です。ただ、相手との関係性においてそれができない場合もあるでしょう。その時は、友人や知人を介したり、あるいは、一定の時間が経ってから、詫びを入れる方法もあります。

ただし、さまざまな理由から、それができない場合は、どうしたら良いでしょう。

もしあなたの言葉が、特定の人間を傷つけてしまったと感じたら、次の言葉を心のなかで唱えてください。「私は次に会う人に対して、自分から決して相手を傷つける言葉を発しないようにします」と。

素直に相手に詫びを入れるのが一番。
それができない場合、
次に会う人に対して、
相手を傷つける言葉を発しないように
自分を戒めること。

第3章
信じた道を、ただひたすらに

クラフォード賞・授賞式の夜

２０１５年５月４日、私はひとり、愛用のスーツケースをゴロゴロ引いて、スウェーデンのストックホルムの空港に降り立ちました。この年、スウェーデン王立科学アカデミーが主催するクラフォード賞に選ばれ、授賞式に出席するためです。

クラフォード賞は、１９８０年に創設され、基礎研究の推進を目的として、ノーベル賞が扱わない天文学と数学、生物科学、地球科学の３分野、また画期的な研究成果があった時のみ関節炎の分野の優れた研究業績に対して毎年表彰するというものです。

クラフォード賞の選考はノーベル賞と同様にスウェーデン王立科学アカデミーが行います。科学アカデミーで私は英語で受賞講演を行い、その後、国王から賞を授与されました。

今回の受賞理由は、集団遺伝学の分野で「分子進化のほぼ中立説」という生物の進化における先駆的研究を確立した功績が認められたものとのこと。

進化とは、親から子に伝わる遺伝子の変化です。地球上に多様な生物が存在するのは、それら無数の生物が進化した結果といえます。私が研究している集団遺伝学は、進化の過程を推論し、生物の進化を研究する学問です。

私が研究を始めた1960年代は、「より生存に有利なものが生き残る」というダーウィン流の自然選択（淘汰）説が広く受け入れられていました。

しかし、進化の仕組みは自然選択で説明しきれるものではありません。

国立遺伝学研究所で私の直属の上司であった故・木村資生先生は、1960年代後半から1970年代前半にかけて、「遺伝子の変化は有利でも不利でもない変異が広がった結果である」とする「中立進化説」を発表し、自然選択説との間で論争を引き起こしました。

さらに私は、「中立進化説」だけではつじつまの合わない現象を説明するために１９７３年、新たな考え方を導入した「分子進化のほぼ中立説」を科学雑誌「ネイチャー」に発表しました。

「分子進化のほぼ中立説」を発表した当時は、理論を裏付けるデータが少なく、それほど支持されたとはいえませんでした。ただ、自説に対する確信があったので、その後も研究を続けることができました。

その後、ゲノム（ＤＮＡのすべての遺伝情報のこと）の時代が到来し、私の学説を分子レベルで調べることが可能になりました。すると、予想以上に多くの中立的な突然変異が起きていることが判明したのです。

「分子進化のほぼ中立説」は、現在、システム生物学や比較ゲノム解析の研究に影響を与えているばかりでなく、今なお、適用範囲が広がり続けています。それを裏付ける論文が、科学雑誌「ネイチャー」などに掲載されています。

晩餐《ばんさん》会の後、ホテルの部屋に戻った私はひとりぼんやりと、師匠の木村先生の晩年の姿を思い浮かべ、心のなかで手を合わせました。

木村先生は晩年、週末になるとよく私に電話をくださいました。その際に、「ドライブに連れていってもらえないかね」とお願いされることがありました。先生のご自宅も同じ三島市内にあり、車で20〜30分の距離でしたので私がお迎えに上がり、車の少ない通りを選んでドライブをしましたが、とても喜んでくださいました。

ある時はまた、遺伝研の近くに住んでいる陶芸家を一緒に訪ねたことがありました。仏像を作られていることを知り、「見に行こう」とおっしゃられて、作陶の様子を見に行ったことを覚えています。その後、先生はご病気をされ、お足が悪くなり、言葉もあまり話されず、お会いする機会も少しずつ少なくなっていきました。

数年後、先生は70歳の誕生日にご自宅の廊下で転倒し、搬送先の病院で亡くなられました。木村先生がロンドン王立協会外国人会員に選出された翌年、1994年のことです。

ご存命ならきっと先生は、私のこの日のクラフォード賞の授与を、いの一番に喜んでくださったと思います。

思い浮かべる
師匠の晩年の姿。
受賞の夜、亡き師匠に
ストックホルムから
感謝とともに手を合わせる。

遺伝学者への道

まだ自分が何者であるかもわからない青春期、なれるかどうかもわからなければ、どうやったらなれるかもわからない遺伝学者への道を求めて、挫折を繰り返しながら必死であがいていたような気がします。

最初の挫折は、名古屋大学医学部2年生だった私が、医学部の専門コースへの編入試験に落ちたことでした。

途方にくれていた私に、同じ大学に在籍していた次女で2歳上の姉が、東大農学部の「編入受け付けます」という告知を見つけてくれたのです。それがきっかけで、私は試験を受けて東大農学部に編入することができました。

次の挫折は1956年、東大を卒業後、受けた農事試験場の国家試験に落ちたことです。就職先がなく、家庭教師のアルバイトで高校1年の生徒に生物を教えたり、また、臨時教員として高校で教えたりして糊口《ここう》をしのいでいました。しかし、教えるのは大の苦手で、教職は私には不向きでした。

そのころ、「文京区にある出版社が編集者を募集している」と教えてくれた大学の知人のすすめで、面接を受けたら合格したのです。科学書を出している出版社でした。

しかし、私は性格にムラがあり、不注意な点も多く、仕事では誤字や脱字のため、社長さんに怒られたこともありました。

「このまま、この仕事を続けていくのは自分には無理」

と判断し、他に進むべき道はないかと悩みました。

結果、2年間勤務した出版社を自分のほうから辞めることができたのは、あるチャンスにめぐり合えたからです。

私はこの時期、アパートに夜ひとりでいると、先行き不安な将来に押しつぶされそうになっていました。そんなある日、高校のころ、メンデルの法則と出会って興味を抱いたことを思い出しました。メンデルの法則は、遺伝学を誕生させるきっかけとなった法則です。

「遺伝学の研究者になりたい」

そんな思いが突如、よみがえってきました。すると、とても幸運なことが起こりました。

私の義理の伯父が東大の耳鼻咽喉科の教授をしていました。その伯父が、何かの会議で、「コムギの祖先を発見した博士」と高校の教科書にも載っていた日本の近代遺伝学の創始者のひとり、木原均《ひとし》博士と知り合いだというのです。そして伯父は、会議の折、私のことを木原先生に頼んでくださったのです。

私は伯父の紹介で、木原生物学研究所に木原博士を訪ねました。当時、研究所のとなりには米軍基地があり、周囲は数軒の農家が点在しているぐらいで、研究するには恵まれた環境でした。

木原博士とお会いする前はドキドキしましたが、お会いした際は単刀直入に私のほうから、「研究を手伝わせてください」とお願いしました。木原生物学研究所はもともと、若い研究者に研究の場を提供しようとの目的で設立されたもので、今でいう臨時雇用として、その場で採用していただきました。木原先生に拾っていただいたことで、私の運命の扉が少しずつ開いていきました。

思えば、伯父が木原博士の知り合いだったことからして幸運でしたが、それに気づいてすぐさま伯父に紹介してもらい、直談判で採用をお願いするという24歳の私の直感と行動力も、自分で運を引き寄せた大きな要因だったと思います。

自分で進みたい道を切り開き、夢をつかむためには、回り道をしてでも自分から動くことです。流れに任せていたら運命は動かないし、私は遺伝学の道と出会うことはなかったでしょう。

進みたい道を切り開き、
夢をつかむためには、
回り道をしてでも
自分から動くこと。
流れに任せていたら
運命は動かない。

崖から飛び降りる覚悟で発表した論文

人は時に自らの意志で、崖から飛び降りる覚悟で何かを決断しなくてはならない時があります。

1973年、40歳の私は科学雑誌「ネイチャー」に「分子進化のほぼ中立説」の論文を発表しました。

この論文が、私を世界に押し出す直接の契機になったわけですが、実は「ネイチャー」への投稿は、上司の国立遺伝学研究所の木村資生先生をはじめ、研究所の仲間にも一切相談せず、私が独断で決行したことでした。

そのころは木村先生が提唱した「中立進化説」が分子進化の世界の主流でした。

ところが、私が発表した「分子進化のほぼ中立説」は、その「中立進化説」への批判を丸ごと飲み込んで説明できる新説だったのです。英文の論文はすべて自分ひとりで書いて、「ネイチャー」に送りました。

「ネイチャー」は、まず編集部で論文を評価し、ただちに送り返すか、レビュー（査読）に回すかを判断します。レビューに回された後、アクセプト（受理）されれば、多くの場合、書き直しを要求されます。

幸運にも私の論文は、「アクセプトしました」とすぐに連絡があり、その後、確認用の校正紙が郵送されてきました。その段階で初めて、私は「分子進化のほぼ中立説」の論文を木村先生に見せました。

「私はあんまり好きではないけれど、理論としては認める」

科学雑誌「ネイチャー」を一読した木村先生は、「分子進化のほぼ中立説」に対してそんなふうな言い方をされ、快く思っていないことは見て取れました。

木村先生にしてみれば、愛弟子が自説の「中立進化説」に異を唱えたわけですから愉快ではなかったでしょうし、反旗を翻したように思えたかもしれません。

ただ、私はその時、木村先生の「中立進化説」に対する疑問や課題があり、同意できないところは自説でもって発信しなくてはならないとの使命感はありました。

その時の私の推進力はどこから来ているのか。今思っても自分でも不思議な気持ちです。「中立進化説」をめぐっては、木村先生と議論を重ねていたこともあり、木村先生にあらかじめ自説の論文を見せずに「ネイチャー」に送ったのは、「見せたら反対されるかもしれない」との思いがあったからです。

私が提唱した「分子進化のほぼ中立説」は当時、世界中の学者からさまざまな批判を受けましたが、私は自分の考えに自信がありましたので、自説を引っ込めるようなことはしませんでした。

生命科学が驚異的に発達した今、「分子進化のほぼ中立説」は遺伝子レベルで解明と解析が進み、自説が正しかったことが証明され、様々な論文になって発表されています。

私自身、生きている間に、このような時代が訪れようとは夢にも思いませんでした。

一度、決断したら批判をおそれず、前へと突き進むことが大切です。決断とは、実績も何もない人間が持つ強力な武器です。

決断あるところに道あり――。私に限っていえば、あの時果敢に決断し、おそれず実行したことで世界への道は拓《ひら》かれたのです。

決断あるところに道あり。
決断とは、
実績のない人間にとっての「武器」。
一度、決断したら批判をおそれず、
前へと突き進むことが大切。

才能・能力を伸ばし、活かす

才能や能力はおおむね、その人物のかたよっているところに眠っています。自分のかたよっているところを知り、その部分を仕事や趣味や生き方に活かし、伸ばしていくことが大切です。

私は中学のころから理科や数学や英語は好きでしたが、地理や歴史など暗記が必要な科目は、からきしダメでした。

そのため、二度ほど挫折を経験しました。

一度目は、20歳の時です。先ほども書きましたが、名古屋大学2年生の時、医学部への編入試験に落ちました。試験問題の暗記物でつまずいたのです。

二度目の挫折は、東大を卒業後に受けた国家公務員試験に落ちたことです。その試験も暗記物中心で、本来の自分の実力を発揮できませんでした。

ただ、そこは人生の妙で、2つの試験に落ちたおかげで、その後、私は進化遺伝学の道を歩むことができました。進化遺伝学は、理科や数学や英語など、私のかたよった能力が必要とされる世界でした。

進化遺伝学の研究を60年ほどやって来て、私はつくづく自分のかたよった能力をうまく使うことができたと思います。

そういう意味では私は自分の人生に満足しています。

とまれ、人間誰しも個々にさまざまな能力を持っています。自分の能力が何であるかを知り、仕事や趣味や生き方に活かせるかどうかが、人生の幸福と微妙かつ密接に関わっているように思います。

人間誰しもさまざまな能力を持っている。
自分の能力が何であるかを知り、
仕事や生き方に活かせるかどうかが、
人生の幸福と
密接に関わっている。

3人の師匠に導かれて

私には師匠と呼べる人物が3人います。全員、鬼籍に入られていますが、彼らのうちのひとりでも出会えなかったら、私は遺伝学者になることはできませんでした。

最初の師匠は1931年、「ゲノム説」を提唱した細胞遺伝学の権威、木原均先生です。

出版社の仕事に身が入らず悩んでいた私は、木原先生に臨時職員として雇っていただきました。私は24歳で、木原先生は雲の上の存在、すでに大きな業績を残されていました。

木原先生はおしゃれで清潔好き。身なりもいつも洗練された出《い》で立ちをしていました。そして、女性にも人気がありました。

一方、私はというと、化粧っ気もなく、おまけに整理や片付けが大の苦手ときています。研究所にある私の畑を見ると先生は「草が生えてるぞ、おまえの所には」などと、度々いわれました。

先生は口は悪いですが、私のことを気にかけてくれていることは何となく伝わってきて、いやな気持ちにはなりませんでした。

木原先生は、精力的でありながら、細かいところにも神経が行き届く繊細さを持ち合わせていました。それは研究者にとって重要な資質でした。

私は、研究所の顕微鏡で小麦やシュガービート（砂糖大根）の染色体を見て、細胞の動きを観察するのが日課でした。ところが、私はその研究内容にはなぜかあまり興味が持てず、「自分にはもっと挑むべき大きなテーマがあるはず」と漠然とあせりと不安を感じていました。

そんな2年間が過ぎ、26歳になった私は4歳上の誠実そうな若い研究者と恋に落ち、結婚しました。研究所は閉ざされた空間で人間関係も限られ、気がつけば若さと勢いで結婚に突っ走っていたという感じでした。

木原先生は私たちのために、新たなステージを用意してくれました。それが夫婦そろってのアメリカ留学でした。

そこで私は2人目の師匠、ノースカロライナ州立大学で集団遺伝学の研究をしていた小島健一先生と出会うのです。

小島先生は木原先生の薫陶を受けた愛弟子で、同じ木原門下生の私を自分と同じ集団遺伝学の道へ招き入れてくれました。小島先生のもとで、私の理論研究法の基礎ができたと思っています。

「子どもも欲しい、学位も欲しい」

そう思っていた私は、留学中に長女を出産しました。

そして、私の3人目の師匠が、国立遺伝学研究所で集団遺伝学を研究していた木村資生先生でした。

1960年代、木村先生は日本における集団遺伝学の研究の第一人者でした。その木村先生がアメリカで集団遺伝学を学んだ私を、国立遺伝学研究所の自分の研究室に招き入れてくださったのです。

私はそこで木村先生の共同研究者として、また木村先生の「中立説」を発展させた自説の「分子進化のほぼ中立説」を確立することができました。

私が木村先生から教わったのは、「自分が確固として信じる自説や持論を主張するのに、老いも若きも男女の性差も先輩後輩もない」ということです。議論は、限りなく自由でオープンであるべきで、そういう場があってこそ新しい発想や理論が生まれ、構築され、醸成されるというのです。

それは、私が今も通い続けている遺伝研で、未来を目指す若い研究者たちにもっとも伝えたいことの一つです。

議論は、限りなく自由で
オープンであるべき。
そういう場があってこそ
新しい発想や理論が
生まれ、構築され、醸成される。

忘れがたい草間彌生さんとの邂逅

不思議な人だな、というのが、世界的に知られる前衛美術家、草間彌生《やよい》さんとお会いした時の印象でした。そして、一度会ったきりですが、忘れがたい人となりました。

２０１６年11月３日、皇居・宮殿で文化勲章の親授式があり、私も招かれて行きました。ノーベル医学生理学賞受賞の大隅良典さんら６人の受章者のなかで、草間さんは最年長、私より４歳上の当時87歳で、車椅子で来られていました。

草間さんにお会いしたのはその時が初めてで、挨拶を交わした程度でしたが、全員正装しているなか、草間さんは髪が真っ赤で、派手な水玉の服が似合っていて、独特のオーラを醸し出していました。

式典後、受章者の記者会見が行われました。幼時から幻覚や幻聴を体験したという草間さんは、「自分はこれからも死にものぐるいで、何千年も人々が心を打たれる芸術を作っていきたい」と話されていました。

日本国内や欧米の主要美術館で相次いで個展を開いている、その飽くなきバイタリティ。内面から湧き出てやまない感情や感性を表現することに全身全霊を傾注しているであろう草間さんの、その余人を以ては代えがたい才能と強烈な個性。加えて、運とチャンスに恵まれ、それらがすべてそろって世界で戦えるのだ、と彼女を見て思いました。

今も草間さんのなかから、多くの前衛美術作品が次々と生み出されています。その作品世界に、全力で取り組む草間さんの制作意欲は、ジャンルこそ違えど、学ぶもの多しと感じました。

口下手な私は、あの時、自分から草間さんに近づいて、話しかけることはしませんでした。

間近で見た草間さんの際立つ存在感、近づきがたい雰囲気は今も胸のなかに残っています。

内面からほとばしる、
湧き出てやまない感情や感性。
才能と個性と運と、
それらがすべてそろって
世界で戦えるのだ。

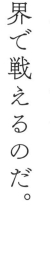

嫉妬心を力に変える

心のなかに、不意に湧き起こる嫉妬の感情ほどやっかいなものはありません。芸術家なら、その嫉妬心をもとに作品を生み出すのでしょうが。私もこれまで二度ほど、大きな嫉妬心を抱いたことがあります。

最初は、小学低学年のころ、時は、第二次大戦の最中、郷里の愛知県西加茂郡三好村（現みよし市）の小学校に、名古屋から同世代の子どもたちが数人、学童疎開でやって来ました。

何より私を驚かせたのは、彼らや彼女たちのふるまいです。都会的というのでしょうか。授業中に限らず、人前であがることなく、堂々と自分の考えや意見を主張する姿でした。それは私にとって衝撃的でした。どれほど、うらやましさを感じたことでしょう。人前に立つと蚊がなくような声を出すのがやっとでしたから。

二度目は、大学を卒業後、国家試験に落ちて生活費を捻出するためにいくつかの仕事を転々とした後、勤務した横浜の木原生物学研究所で、ある女性と出会った時のことです。その人は、所長の木原均博士の秘書と助手を務めていた社交的な女性でした。

彼女は、京都大学を卒業後、生物学の研究者を目指し、木原博士のもとで研究を続けていました。洗練された服装、身のこなしなど、まさに才色兼備の女性でした。

化粧もせず、服装にも関心を払わなかった私は、ただただ彼女の存在に圧倒されました。なにしろ木原先生の近くには、女性研究者は、彼女と私しかいなかったのですから。

彼女のようにふるまえない私は、彼女に対して湧き起こる嫉妬心を抑え、自分の感情を研究生活に転化させることにしました。

嫉妬心は人間の持つ自然な感情で、年齢に関係なく湧き起こります。

人間のどうすることもできない嫉妬心は、仕事や趣味など自分自身のスキルアップに転化し、昇華させることで、人生の新たな果実を手にするきっかけになるかもしれません。

嫉妬心は人間の持つ自然な感情。
仕事や趣味などに
転化させることで
新たな人生の果実を
手にする好機に。

夢を実現するために大切な二つのこと

夢を実現するには、二つの大切なことがあります。

一つ目は、自分だけのロールモデルを持つことです。

自分のなかで、「あの人のようになりたい」という目標が定まったら、その人物をロールモデルにして、その生き方を学ぶことから始めると良いのではないでしょうか。

ロールモデルは、あなたに刺激や影響を与え、夢を実現化してくれる強力な援護者です。自分が目標とするロールモデルの生き方を意識し、学ぶことが夢を実現化する近道です。

しかし、ただ漠然と夢を思い描いているだけでは人生は動きません。自分が目標とするロールモデルについて書かれた記事や伝記を読むことをおすすめします。ロールモデルの生き方を血肉化することで、目標を実現する力に変えることが大切なのです。

22歳の時、大学を卒業したものの、科学者になりたいという夢は、日々ふくらんでいました。しかし、どうやったらその道を歩み始めることができるのか、皆目検討がつきませんでした。

高校生のころ、手にしたのがポーランド出身の物理学者・化学者で1903年、放射線の研究でノーベル物理学賞を受賞したマリ・キュリー夫人の伝記でした。彼女の生き方はとても魅力的で、一読して私は彼女に心を鷲づかみにされました。その時から、キュリー夫人は科学者を目指したいと思う私のロールモデルになりました。

キュリー夫人は、科学者として優れているだけではなく、生きる誇りと喜びを持ち続けていました。それは、私が求める理想の科学者の姿でもありました。

夢を実現するために必要なことの二つ目は、毎日、一つのことに没頭すること です。しかも、長く持続的に。

どうしたら監督のような映画監督になれますか？

監督志望の若者からそんな質問を受けると、〝世界のクロサワ〟こと黒沢明監督は決まってこう答えたといいます。

「監督になるには、毎日1行でいいからシナリオを書くことが大切。それを続けること。それしか道はないよ」と。

私が毎日、実行していることは、定期購読している英文の科学雑誌「ネイチャー」を読むことです。毎号、どんな新しい論文が掲載されているか、ページをめくる興奮、喜びは科学者冥利に尽きます。

漠然と夢を抱いているだけでは
人生は動かない。
ロールモデルを見つけ、
その生き方を学ぶこと。
そして、一つのことに没頭すること。

第4章
幸せは、いつも日常の中に

日々の幸せを実感するために

あなたはどれくらい自分を幸せと感じていますか？

3月20日は国際幸福デー。国連は毎年この日に「世界幸福度ランキング」という調査結果を発表しています。2020年度のランキングによると、日本は62位（昨年は58位）で、G7のなかでは最下位でした。

日本は過去6年間、40位から60位台の間を推移しており、日本人は外国人に比べて、明らかに幸福度が低いという結果が示されています。

大多数の日本人が幸せを実感できないとしたら、それはいったいどこに原因があるのでしょう。

その根っこには、私は日本人の個人主義の欠落があると思っています。個人主義とは、個人の意義や価値、自由、独立を尊重する精神のこと。個人主義が尊重されて初めて、人は幸福を実感できるのです。

個人より組織や社会を優先する、右へ倣《なら》えの日本人は個人主義とかけ離れた場所にいて、したがって幸福を実感したくてもできないのです。

日本人はグループ行動で、皆いっせいに、同じ方向に向かって突き進む傾向が強いように思います。そういうなかでは、個人の幸福はどうしても後回しにされがちです。そこにギスギスした人間関係が生まれる土壌があります。

もし、組織や集団からひとり外れて、独自の行動を取ったらどうなるのでしょう? すぐに、皆から爪弾《つまはじ》きにされてしまいます。

そういう世界にどっぷりつかっていると、「あなたはどれくらい自分を幸せと感じていますか?」と質問されても、すぐには答えられず、とまどってしまうのではないでしょうか。

幸福を実感したいなら、一度集団どっぷりの生活から離れて、日常の小さな事柄や些事《さじ》であって構いません、ほんとうに心から自分が幸福と感じることを優先させてみてください。

そして、それを一つずつ積み上げていきましょう。きっとあなたは、ほのぼのとした幸せに包まれ、充実した日々を送ることができるに違いありません。

幸せを実感するためには
日常における幸福と
感じることを優先させる。
それを積み重ねることで
充実した日々を送ることができる。

幸福になるための三つの条件

幸福になる条件とは？　と問われたら、私は躊躇《ちゅうちょ》なく、健康であることをあげます。人間、歳をとると、病気になりやすい。もちろん、私も病気にならないように日々努めています。

高齢となってからも病気を未然に防ぎ、健康を保つためには、自分に必要な医学を日々の生活のなかに取り入れることが必要です。

現代の医学を信頼し、自分がどんな病気にかかっているかをきちんと理解した上で、医学を受け入れることが大切です。

私は今、歯科医院と循環器内科の医院に通院しています。

歯科医院は歯槽膿漏を治療するためで歯ぐきをきれいにしてもらっています。とくに、歯石や歯垢は自分では取れないので、定期的に歯科医院で治療を受けています。

80歳を越えたら10本も歯がない、という方もおられますが、私はそんなことはなく、部分入れ歯もありますが、今でも自分の歯で固いものでもなんでも食べられます。

食べることはいうまでもなく、生きる基本です。

健康な歯を保つために私は、3食の後、必ず歯磨きをします。間食はしません。そして、歯ぐきが悪くなりかける前に、かかりつけの歯科医に行くようにしています。

循環器内科の医院には、4週間に一度、通院しています。血圧を測定してもらい、動脈硬化の薬を処方してもらいます。毎朝、その薬を飲むことで血圧が調整され、正常値に保つことができます。医者と前向きに向き合うことが健康の要です。

幸福になる2番目の条件は、好きなことに夢中になることです。

私の場合は、やはり進化遺伝学の研究を通じて、国内外の研究者と直接お会いしたり、メールでやりとりするのが愉しいですね。それが生活の基盤にあることで生きる喜びを感じることができるのだと思います。

歳をとり、何もやることがないからと何もしないでいると、心身がダメになってしまいます。筋肉や神経は動かすと、それにしっかりと対応してくれます。

そのためには、なんでもいいから自分で好きなことに夢中になること。それが毎日の幸せと充実感につながります。

そして、幸福になる3番目の条件は、良い人間関係を保つように心がけること。

家族や友人、知人などとの関係があまり良くなかったり、ぎくしゃくしていると幸福から遠ざかっていきます。

私の場合は、娘の家族や姉妹の家族をはじめ、研究所の若い研究者との人間関係をとくに大切にしています。

人間は勝手なもので、おだてられればいい気になるし、人を見下してしまうこともあります。

人間関係につまずいたり、こじれると哀しい結果を生みます。人間はひとりでは生きられません。社会生活を通して、相手を気遣う心を忘れずにいたいものです。

幸福になるためには
まず、健康であること。
とくに食べることは生きる基本。
そして、好きなことや
夢中になるものを持つこと、
良い人間関係を保つこと。

免疫力を高める暮らし

２０１９年暮れから２０２０年にかけて、新型コロナウイルスが猛威をふるい、私たちの社会生活を恐怖と混乱に陥《おとしい》れています。

そんな折、方々で耳にするのが「免疫力」という言葉で、メディアも「免疫力を高める生活を心がけてください」などと呼びかけています。

ところで、免疫力とは何でしょう？

免疫力とは、「疫（病気）を免れる力」のことで、ウイルスや病原菌などが体内に侵入すると、体の免疫システムが働き、侵入してきた異物から私たちの体を守ってくれます。

86歳の今まで大病をしたことがない私は、そこそこ免疫力を高める生活を送っているのかなと思います。

私の生活を一言でいえば、「規則正しい簡素な生活」ということに尽きます。規則正しい簡素な生活、と書けば、何だか堅苦しい、味も素っ気もない生活なのでは、と思われるかもしれません。

しかしながら、私はこの生活を定年後、現在まで20年以上続けています。今ではこの生活がすっかり板について、規則正しい簡素な生活は、私のなかでは「極上の生活」を意味する言葉になっています。

私は一研究者として生涯をまっとうしたい、という強い意志を持っており、それを実現するためには、徹底して規則正しい簡素な生活を送ることが重要なのです。

私は、朝型人間です。毎朝5時ごろ、目が覚めます。

朝食の定番メニューは、生のりんごとチーズ、そしてパンです。菜の花やブロッコリー、小松菜やわさび菜を茹《ゆ》でたものなど、季節の野菜を添えます。紅茶が好きで、砂糖もミルクも入れずにそのまま飲みます。

朝食後、新聞や定期購読している科学雑誌「ネイチャー」や研究所でコピーしてきた他の複数の科学雑誌の論文にも目を通します。

脳を使うのは、私の場合、朝の時間帯のほうが適しているようで、物事がよく頭に入り、効率が良いように感じます。

午前中は、週に三度、国立遺伝学研究所に通います。昼食は、研究所から帰ってきてから自宅で食べます。冷蔵庫にだいこんやにんじん等の煮物が入れてあり、それを温めて食べます。パンの時はハムサンドにして、ゆで卵を添えます。

午後は、浴室で髪を洗います。髪が長いので洗うのに時間がかかります。研究所に行かない日は、午後は部屋の掃除をしたり、料理を作ったり、またさまざまな用事などをすませることに充《あ》てます。

夜はご飯、味噌汁とお刺身など、和食が中心です。テレビのニュースを見ながら食べます。

寝る1時間ほど前にお風呂に入ります。20分から30分ぐらいでしょうか。ゆったりとお湯につかります。湯船のなかでは、考え事はしません。

そして、寝床に入ります。

免疫力は、歳をとるにつれて低下します。免疫力を高めるためには、早寝早起き、栄養素を考えたバランスの良い食事を3食きちんととることが基本です。そのうえで、ほど良い趣味や仕事、運動をして体を動かし、その後、リラックスして十分に休むことが大切です。

免疫力を高めるためにもっとも大切なことは、ストレスを溜《た》めないように心がけ、愉しく一日を過ごすことです。

免疫力を高めるためには、
栄養素を考えた
バランスの良い食事をきちんととり、
ほど良い趣味や仕事、運動をして
十分に休むこと。

簡素な暮らしのなかで感じる幸せ

衣食住は人間が生きていくための基盤ですが、ここでも私は簡素な生活をつらぬいています。

衣については、私は着るものにはほとんど関心はありません。自分の容貌からして私はカラフルな服はあまり似合わないと思っていますので、どうしても黒とかグレーとか沈んだ色のモノトーンの服に落ち着きます。

ブランド物にも関心がありませんので、着る服はたいてい地元の大型スーパーか、テナントのショップで購入します。何年も着ない服は、執着せずに破棄します。

食については、基本的に3食自炊をします。料理は、栄養素がまんべんなくとれるように心がけています。

人間にとって食べることは、生命維持には不可欠です。食べることによって古い細胞が新しい細胞に入れ替わる新陳代謝は、遺伝子の働き方と密接に関係していて、人間の性質や行動などにも影響を与えています。

では、何を食べたら良いのかについては、人間の腸のなかにはいろんな微生物が住み着いていて、それらが複雑に関わっているのでいちがいにいえませんが、食材についていえば、私はつねに旬の食材を優先的に料理に使うようにしています。

住については、国立遺伝学研究所で勤務を始めて十数年間は、研究所の敷地内にある宿舎に住んでいました。娘が大学生の時、今の家を建てて移りました。

娘が嫁いでからは、ずっとひとり暮らしを続けていますが、とくに生活に不自由を感じることはありません。

私にとって日々の贅沢は、庭から富士山を眺望することです。この雄壮な山は刻一刻と変容し、見ていて飽きることはありません。

何事もなく過ぎ去った日の終わり、夕陽のなかで私は幸せを実感し、富士に向かって拝むように心のなかで手を合わせます。

簡素な暮らしでも充実した日々。
つねに旬の食材を料理に使い、
庭から富士山を眺め、
何事もなく過ぎ去る
一日に幸せを感じる。

親は子を思い、子は親を思う

先日、三島市内のホテルで、娘夫婦と孫と私の4人で会食をしました。久しぶりに会う娘は健やかで幸せそうでした。

娘は三島市のとなりの長泉町《ながいずみ》にすんでいます。幸いなことに、今はどちらかが一方的に頼るというような親子関係にはなく、娘が家族とともに健やかでいるのを見ると、私はそれだけで幸せな気持ちになれます。

娘は1966年、留学中のアメリカで生まれました。

母乳には赤ちゃんの健康にとって大切な栄養素と、病原菌と戦う耐性がありません。娘には母乳を与えたかったのですが、当時、私は学位論文を書き上げなくてはならず、毎日神経が昂《たか》ぶり、やむを得ず粉ミルクに頼らざるを得ませんでした。

娘が保育園に通うようになると、車が高くて買えず、保育園まで20分ほどかかる道のりを連日、娘を背負って通いました。

犬が通ると、娘はうれしそうに声を上げます。娘の喜んでいる姿が背中越しに伝わり、そのたびに親子が一つになった幸福感に包まれました。

娘が小学校に入学して間もなく、私は夫と離婚しました。

小学、中学と娘は友達つき合いも上手ではなく、母親の私にべったりな子で育ちました。

親子の距離が変容したのは、娘が高校に入学したあたりからでした。

娘は部活にすっかり夢中になり、帰りも連日、暗くなってからでした。自転車を引いて坂道を上がって来る娘の帰りを、心配しながら待つのが私の日課でした。

そのころの私の悩みは、娘が部活に夢中になり、英語と数学の勉強を放り出したことでした。娘にも、自分と同じ理数系の道を歩むことを期待していた私の夢は打ち砕かれ、国語の成績の良かった娘は、大学の国文科に進み、その後教職に就きました。

それにしても、家族とは何なのでしょう。家族は血のつながった人々の集まり、といってしまえばそれまでですが、とくに母と子のつながりは、特別な深い愛情で結ばれています。

家族の幸せとは？　と思いをめぐらした時、ふと外出する時にいつも携帯している万歩計のついたお守りグッズを思い出しました。

「私、こんなのいらないわ」

と一度は断ったのですが、この時ばかりは娘がしつこくすすめるので使うことにしました。

お守りが私の動きを察知していて、一定時間私の動きが止まったら、自動的に警備会社と娘に通報する仕組みです。

スマホの半分程度のサイズですが、一度私が自宅に置いたまま買い物に出かけた時は、娘が心配して家に電話をかけてきました。

親は子を思い、子は親を思い……。以来、このお守りグッズはどこへ行くにも私のお伴としています。

お守り、それは離れて暮らす私と娘を24時間つなぐツールであり、今では私たち家族の幸せにもつながっているようにも思えます。

親と子のつながりは、
血縁以上に
特別な深い愛情で結ばれている。
お守りグッズは、
24時間親と子をつなぐ。

第5章
ひとりで老後を生きるということ

つねに死を思い、生を思う

数年前、お墓の購入をすすめてくれる人がいて、「買ってもいいかな」と思い、買いました。

今から思えば、何もあの時、急《せ》かされたように買うこともなかったのですが、一寸先は闇、人間の運命はどうなるかわからないので、自分が亡くなった後は、極力娘に迷惑をかけたくないという気持ちが強くありました。それが購入した直接の理由ですね。

私が亡くなった後、ひとり残された娘に、私の墓を探すという手間や負担、煩《わずら》わしさを背負わせたくない。となると必然的に私には、新しい墓が必要ということになります。

お墓は市街地にあり、お寺とつながっています。人間はいつか死ぬわけですから、いずれお墓は必要とはいえ、自分の入るお墓が生前にすでに存在し、そのお墓が私が入るのを待っているというのも何とも不思議な気持ちです。

生きているうちに、私が自分の墓を購入したのにはもう一つ、理由があります。私は4人姉妹の3番目です。9歳上の長女は私が高校3年の時に亡くなり、2歳上の次女は今、名古屋の施設で生活しています。

そして、9歳下の妹が実家を継いでくれています。娘も孫もいる私が実家の墓に入るわけにはいきません。

生き物の死は、遺伝子に組み込まれており、生あるものは必ず死に至ります。いつ死ぬか、それは神のみぞ知る世界です。

充実した人生をまっとうするためには、つねに死を思い、生を思うこと。与えられた命をひたむきに燃焼し尽くすことだと思います。

ところで、私のこの命はどこで尽きるのでしょう。

私の死に場所は、病院や老人ホームなどではなく、できれば今自分が住んでいるこの家がいい。理想の死に方は、ピンピンコロリです。

普段の生活を送りながら、好きな紅茶を飲み、進化遺伝学の論文を読んで、死の直前まで元気で生活をしながら、ある日突然、コロリと心臓が止まる、そういう死に方がいいですね。病気で苦しんだり、長期間意識のないまま寝込んだり、認知症のような状態にならず、自然と老衰で死ねたら本望です。

その時は、自分の人生は充実していた、自分を支えてくれた人々、社会に感謝する、そういう気持ちで死にたいと思います。

もっとも、老衰だったら、最期の数日間か数時間は体が動かなくなって、息も苦しくなって、救急車で病院に運ばれているかもしれません。

現代医学は生命維持は可能でも、大脳の働きが失われ、意識が戻らない状態、つまり植物状態になった時、どうすべきか。私は尊厳死協会に入っていて、延命処置はしないようにと、娘に伝えてあります。

ここまで書いて、理想の死を実現するためには、ただ死を待つだけではダメで、最期を迎えるまで、日々の努力と事前の準備があれこれ必要なようです。その日が訪れるのが、一日でも遠からんことを願いつつ、これからも日々、精進したいと思います。

理想の死を実現するためには、
ただ死を待つだけではダメ。
最期を迎えるまで、
日々の努力と
事前の準備が必要。

老後を最期までひとりで生きるために

女性が長生きする日本では、夫が亡くなった後、大半の女性はひとり暮らしを余儀なくされます。

離婚者も含めて未婚の女性がこの先、私のように老後をひとりで生きるケースも、ますます増えてくるのではないでしょうか。

老後を最期までひとりで生きるためには、「経済的な自立」「精神的な自立」、そして「生活環境」の三つの要素が、とくに大切です。

最初にあげた経済的な自立は生活の基盤であり、これが確保されていないと独立したひとり暮らしは望むべくもありません。

そのためには、未婚の女性は若いうちから年金であれ何であれ、自らの老後のために資金を貯めておかなくてはなりません。

結婚をしていれば、2人で助け合ってどうにか老後の資金を貯めることも可能でしょうが、未婚や私のように離婚した女性の場合、経済的自立を実現しながら老後をひとりで生きていく覚悟が必要です。

現在、夫婦で老後を過ごしている場合、夫の年金に頼って生活をしている女性はとくに、夫が亡くなった後の経済的な自立を考えておく必要があります。

そして、経済的な自立とともに大切なのが、精神的な自立です。

というのは、それまでは夫婦、あるいは夫が決断していたことがひとりになると途端に、あらゆる物事の決断をひとりで下さなくてはならないからです。お子さんがおられる方はお子さんに任せる方法もあるでしょうが、とはいえ、すべてを任せるというわけにはいきません。

ひとり暮らしを続けるためには、日常の些事から難しい事柄まですべてを自分で判断し、決断できる精神力の強さが必要です。そのためにも若いうちから、来るべき老後に備えて、精神的な自立を身につけなくてはなりません。

三つ目の生活環境についていえば、ひとり暮らしをする場所が街から近いか、遠いかは命に関わることでもあり、とくに重要です。

ひとり暮らしをする場所から、病院や日常品や食材などを買う店が遠いと日常生活に不便や支障をきたします。そういう場所で老いてからのひとり暮らしは、難しいのではないでしょうか。

以前は、老人ホームは静かで自然のある環境が良いとされましたが、今ではたとえ部屋が狭くても、街なかにあるほうが人気が高いようです。

真に老後に必要なものは、静かな環境ではなく、一定の街のにぎわいと日常的に人とふれ合うことのできる生活環境ではないでしょうか。

私の住む家は、土地を購入した当時は人家もまばらでしたが、今では家の前の通りは整備され、閑静な住宅街になっています。日常的に人が行き交い、隣近所、挨拶を交わす人たちがいることは安心できます。

人間、先のことはわかりませんが、私はこの家でこれから先もひとり暮らしを続けていきたいと思っています。一定の距離で、娘に見守られながら。

経済的な自立もさることながら
すべてを自分で決断できる
精神力の強さも必要。
老後に必要なものは街のにぎわいと
人とふれ合う生活環境。

シングルマザーだった私の子育て術

仕事と子育てのバランスをどう取るかは、子どもを持つ女性たちにとって永遠のテーマです。

33歳、留学先のノースカロライナ州立大学の大学院4年生の時、私は現地の病院で出産し、娘が1歳になる前に帰国しました。

赤ん坊から幼稚園に通い始めるころまでは、子育てにもっとも繊細な気配りが必要とされる時期です。その間、母親として子どもにたっぷり愛情を注がなくてはなりません。

とくに大変な時期は、3、4歳のころで、幼稚園の終わりのころになれば、ある程度、子どもは親から自立します。

娘が小学校に上がると間もなく、私は約10年間の結婚生活に終止符を打ちました。その間、夫が外国の大学に単身赴任の期間が長かったこともありますが、それ以上にお互いの性格も含め、夫婦間のさまざまな軋轢《あつれき》や考え方に相違や齟齬があり、元のさやに納まることはもはや不可能と判断し、離婚するに至りました。

離婚後、私はシングルマザーとして娘を育ててきましたが、仕事をしながらの子育てには限界があり、娘の育児に十分な時間をとれずに苦しみ、自分を責めることもたびたびありました。

そんななか、私は母親として、次の二点を自らに課し、実行するよう心がけました。

一点目は、料理です。

娘の成長のため、食材はなるべく旬の野菜と魚を取り入れ、3食手作りで料理を作りました。

そして、食事は必ず娘と一緒にとるようにしました。食事の時は努めて明るく、一生懸命、娘のおしゃべりの相手になるように心がけました。

二点目は、読書です。

幼いころ、娘は私と同様、社交的ではなく、よその子どもと遊ぶのも得意ではありませんでした。その代わり、本を読むのが好きで、図書館で毎週、親子で本を借りて読んでいました。

私も娘が小さいころはほとんど毎夜、一緒に本を読んだり、読み聞かせをしました。読書は娘と私の心をつなぐ、心の架け橋になりました。

仕事をしながら子育てをされている女性のみなさんには、「気負わず、無理をせず」の言葉を贈りたいと思います。

シングルマザーだったから伝えたい。

育児の基本は、

「気負わず、無理をせず」。

そのうえで、食事と読書で
心の交流を。

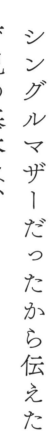

女性には多くの可能性がある

「日本人女性として初めて」とか「女性として初めて」なんて枕詞《まくらことば》を私も何度か、つけられたことがあります。

最初は1981年、自然科学の分野で顕著な業績を収めた女性科学者に贈呈するとされる第1回猿橋賞に、当時、48歳の私が選ばれました。

猿橋賞から3年後の1984年、今度はアメリカ芸術科学アカデミー外国人名誉会員に、これも「日本人女性として初めて」選ばれました。主催するアメリカ芸術科学アカデミーは、マサチューセッツ州ケンブリッジに本部を置く学術団体です。さらに2015年、クラフォード賞を受賞、こちらも「日本人女性として初めて」とメディアに取り上げられました。

ずいぶん遠い話ではありますが、１９５３年４月、私は東大農学部の園芸学科に転入しました。当時、学科の学生数20人のなかで女性は私ひとりでした。

東大の本郷のキャンパスを歩いていても女子学生の姿は、ほんのまばらでした。約70年後、２０１９年の東大全学生数に占める女子の割合は18・６％です。最高学府といわれる東大において、女子学生の比率のこの低さは、もはや異様です。女子が男子に比べて学業の成績が悪いわけではありません。

では、なぜ女子は東大を目指さないのでしょうか？

私には、彼女たちが自分の才能を開花させて、いかに社会に貢献するかを考えるよりも、個人的に良い結婚をして幸せになることを優先した末の選択であるように思えるのです。

「女の子は無理をせず、そこそこの大学でいいんじゃない？」

「いくら頭が良くても、女の子が東大なんか行くと結婚できなくなるよ」

そんな周囲の言葉に影響され、恵まれた才能の芽を自ら摘んでいるとしたら国家的な損失であり、実に残念至極です。

ハーバード、イェール、プリンストン、スタンフォード、ケンブリッジ、オックスフォードなど世界のトップ大学の学部学生の男女比はほぼ半々。理系のマサチューセッツ工科大学でさえ、女子学生は約半分を占めています。

東大の女子学生が半分を占めないと日本は変わらない、との言葉もあながちジョークでなく、いよいよ深刻さを持って響いてきます。

周囲の言葉に影響され
恵まれた才能の芽を
自ら摘んでいるとしたら、
まわりの言動に惑わされず
自らの才能を開花させてほしい。

生活にメリハリをつける

人生、何事であれ、メリハリが必要です。

趣味であれ、家事であれ、育児であれ、仕事であれ、がんばった自分へのご褒美もお忘れなく。それは形のあるものでもいいし、心を贅沢にするものでもいいでしょう。

メリハリとは、「減り張り」で、その意味は緩めることと張ること。緊張ばかりしていても体に悪いし、締まりがなくなって緩んでばかりいてもだらけてしまう。これまた心身に悪影響を及ぼします。かくて、人間たるもの、適度なメリハリが必要という結論に至ります。

メリハリのある生活は適度な緊張感を生みますので、認知症にも効果があるのではと私は思っています。

私は日ごろから意識して、生活にメリハリをつけるようにしています。一日の過ごし方もそうですが、とくに私は1週間の過ごし方に、意識してメリハリをつけています。

なかでも、とくに私が意識してメリハリをつけているのは週末の過ごし方です。週末は、平日の緊張も解け、ちょっぴり華やいだ気分になります。というよりも、華やぐ気持ちになれるように、あらかじめスケジュールを組みます。

私の週末の過ごし方です。週末のうち、一日はバスに乗り、大型ショッピングセンターに行きます。そこでは本屋、衣料品店、ドラッグストア、食料品店と、生活に必要なほとんどのものを買い求めることができます。

本屋では最近、どんな新刊が並んでいるかを見たり、服はすぐには買わないまでもどんな服が今、流行しているのかウィンドウショッピングを愉しんだり、ドラッグストアでは必要な薬を買い揃《そろ》えます。

なかでも、ショッピングセンターで買うものはもっぱら食材です。ネット注文は配達料を払えば宅配もしてくれますが、私はそれらは利用せずに、どんなものを買うにも直接出向いて、一品一品手にとって自分の目で見て、納得がいくものだけを買います。

半日近くかけて、必要なものを買い込んで、帰りはタクシーで帰ります。ショッピングセンターには広大な駐車場があります。若い夫婦や家族連れが大勢、車で買い物に来ています。その姿を見ると、ふと私は20代の後半、留学先のアメリカのノースカロライナ州での結婚してしばらくのころを思い出します。この駐車場の家族連れのように、私も日曜日は夫と車でスーパーに買い物に行っていたものです。

もう1日は、私はよほどのことがない限り、スケジュールは空白にします。週末の私の心の贅沢は、読書と音楽です。

平日は研究のために論文を読みますが、それは読書とはいいません。読書とは、書物のなかに自分と異なる考えや共感できる考えや生き方を見つけること。読書は愉しみながら未知の世界の扉を開ける、人間ならではの贅沢な行為といえるのではないでしょうか。

最近は、長い小説を読む情熱やエネルギーが、自分のなかからとみに失われつつあるのを実感し、残念ですが、無理をしないで短いエッセイなどを読んでいます。

大切なのは、毎日読書する体験を持つことです。

そして、週末の夜、本を読むのにも何となく疲れを覚えた時、音楽が私の心の友になります。気分転換とリラクゼーションを求め、のんびりと音楽を聴きます。

私の好きな音楽はバロック音楽で、好きな音楽家はヴィヴァルディ。ヴィヴァルディの「四季」や「調和の霊感」などは、モヤモヤした時に聴くと気分が救われます。

音楽は心の滋養となり、穏やかな気持ちにさせてくれます。原始の時代から人間は、音楽を必要としてきました。最初は、そこらにあるものを叩いて音やリズムを作り出して愉しみ、生活の一部に組み込んでいました。

そして現代、さまざまな音楽が溢れていますが、音楽を耳にすると気分が良くなる、愉しくなる、音楽を聴くことが快楽であるように人間の脳は作られているように思います。

週末はバスに乗り、
大型ショッピングセンターへ。
もう一日の、スケジュールは空白に。
ひとり暮らしの心の贅沢は、
読書と音楽。

長く愛用する日常の一品

何でも大切にして長く使う、すぐには物を捨てない人を「物持ちが良い人」といいますが、総じて私も物持ちが良いほうだと思います。

というのも、生活で使う小物類をはじめ、今、家のなかにあるもののいくつかは、いつ購入したか自分でも忘れているぐらい、長持ちしています。

家には、庭の剪定《せんてい》用のはさみ、裁縫用のはさみ、生活用のはさみ、そして自分で髪を切る際に使用するはさみと数種類ありますが、これらはブランドものであるとか、特別なものではなく、その辺のちょっとしたスーパーなら売っているもの。それらを長年、使い続けています。

髪を長く伸ばしているので、2種類あるヘアブラシは朝と夜、毎日使いますが、長い間ずっと同じものを使っています。これもその辺のスーパーで売っているようなレベルのブラシです。

スーツケースも同じものを30年以上使い続けています。これもまた、そこらで売っているスーツケースです。日本製だからか丈夫で壊れません。

このスーツケースをゴロゴロ引いて、園遊会、文化勲章授与式やクラフォード賞授与式など、どこへでも行きます。

スカーフや財布、ショールも長年同じ物を使い続けています。とくにショールには思い出があります。文化勲章授与のお祝いに、猿橋賞の事務局の方が下さった濃紺の絹製のショールです。今も使わせていただいています。

また、今も使っているそばがらの枕も、娘が小学生のころに購入したもので、これも40年以上使い続けています。

枕といっても、寝具店で買った特別な枕ではなく、そこらのスーパーで買った安価なものでした。それが使ってみると、ほど良いそばがらの量、頭のさわり具合の良さで、以来、毎夜、私の顔と頭部を支えてくれています。

何であれ、長年一つの物を使い続ける喜びは心に潤いを与え、日々を豊かにしてくれます。使い続けていてもダメにならない。ダメにならないものを捨てることはない。というわけで、きっと私は死ぬまで、この枕を使い続けることでしょう。

死ぬまで使い続けるものが
あってもいい。
ものを長く大切に使う喜びは、
心に潤いを与え、
日々を豊かにしてくれる。

あとがき

私は、この秋で87歳になります。

人間は、複雑な生き物で、この年齢になってもわからないことだらけです。しかしながら、科学でも解析できない脳を持つ人間は、無限の可能性を秘めた存在ともいえます。

国立遺伝学研究所のある三島市をほとんど離れない私が、最近、唯一やり残したことがあることに気づきました。

それは、ダーウィンが「自然淘汰説」を考えたことで有名なガラパゴス諸島に行くことです。

私の「ほぼ中立説」は、絶海の孤島ゆえに偶然の力が働いて、そこに存在する生き物が奇妙な進化を遂げていることを主張しています。その様子を実際にこの目で見たいと思うからです。

隔離された島に生き残った種は、独自の変わった進化を遂げ、滅びやすく、変化しやすい。ガラパゴス諸島に現存している種は、鳥でいうと「最後の一羽」的な世界です。

ガラパゴス諸島には、これまでも何度も行ってみたいと思いましたがチャンスがなく、残念ながら実現にはいたっていません。

巨大鳥のくちばしの変化など、生き残るものこそが生き残ってきたという進化の実相を、自分の目で確認してみたいと思っています。

その島には、たくさんのヘンチクリンな生き物、変わり種がいておもしろそうですから。

これが私の「未完の夢」です。

この本は、自分の人生の断片を集めたものですが、どのエピソードにも、その時々の私が息づいています。

私の発表した論文が世界中から批判を受けたとき、正直、落ち込むこともありましたが、自分が信じた道を歩いてきました。そういう意味では、悔いのない人生だったと思います。

これからも、信じたこの道を歩いていきたいと思います。そして、夢を見続けることを忘れずに、残りの人生を精一杯、悔いの無いように楽しみたいと思います。

みなさんも、いつまでも夢を見続けてください。そうすれば、いつか必ず、自分なりの幸せをつかむことができると思います。

最後になりましたが、私の研究生活を支えてくださった国立遺伝学研究所、とくに明石研究室の皆さんに感謝します。

２０２０年６月、三島の自宅にて、初夏の富士山を仰ぎ見て

太田朋子

太田朋子（おおた・ともこ）

1933年生まれ。国立遺伝学研究所名誉教授。Ph.D、理学博士。1956年東京大学農学部農学科卒業、1966年ノースカロライナ州立大学大学院博士課程修了。1967年から学術振興会奨励研究員として国立遺伝学研究所集団遺伝部で研究を開始、1969年より同研究所研究員となる。1973年、科学雑誌「ネイチャー」に発表した「分子進化のほぼ中立説」は、進化遺伝学の世界標準となる。2015年、スウェーデン王立科学アカデミーがノーベル賞が扱わない科学領域を対象として設立したクラフォード賞を受賞。2016年には文化勲章を受賞。日本人女性研究者では唯一のアメリカ国立科学アカデミー外国人会員でもある。現在も、若い研究者の育成とともに世界へ向けて発信を続けている。著書に『分子進化のほぼ中立説』（講談社）がある。

編集協力◎坂口香津美（スーパーサウルス）

写真◎遠藤寿道（遠藤写真事務所）

ブックデザイン◎石間　淳

信《しん》じた道《みち》の先《さき》に、花《はな》は咲《さ》く。
86歳《さい》女性《じょせい》科学者《かがくしゃ》の日々《ひび》幸《しあわ》せを実感《じっかん》する生《い》き方《かた》

2020年 6月11日　第1刷発行

著　　者　太田朋子
発 行 者　鉄尾周一
発 行 所　株式会社マガジンハウス
〒104-8003
東京都中央区銀座3-13-10
書籍編集部　☎03-3545-7030
受注センター　☎049-275-1811

印刷・製本　中央精版印刷株式会社

ISBN978-4-8387-3103-9　C0095